MW01116001

BOOKS & SMITH
New York Editions

DESPUÉS DE LA SOMBRA, EL RÍO

GUSTAVO FRANCO

Una publicación de Books&Smith.

Después de la sombra, el río

Primera edición, 2023

Todos los derechos reservados
© 2023 Gustavo Franco

Editado y diagramado por Books&Smith, 2023.

Diseño de portada por Books&Smith.

ISBN: 9798-3-94-5-663-9-4

Publicado en USA.

www.booksandsmith.com
booksandsmith@hotmail.com

Agradezco a aquellas personas, cosas, animales, hechos
políticos, religiosos, económicos y culturales, que de
alguna manera hicieron que brotara en mi la influencia
de una musa inspiradora.

Todos ellos me han motivado a **PO**der **E**xpresar mis
Sentimientos intr**Í**nsecos **A** los demás.

A mi madre,
Juana Franco.

Si algún día te pierdo,
en mis pensamientos
quedará una hoja marcada
donde se podrá leer:

"Madre, tú eres el libro
que inspira mi vida".

Si siempre intentas ser normal,
nunca descubrirás lo extraordinario
que puedes llegar a ser.

Maya Angelou

DESPUÉS DE LA SOMBRA, EL RÍO

Biografía

Por nombre,
un puñado de letras escogidas al azar
nacido aquí, allá, y en todas partes

no menos que la que marca el tiempo
es su edad

comunicarse en silencio
constituye su idioma

Educación, ninguna en especial,
la necesaria para comprenderlo todo

el amor, la paz, y la verdad,
sus obras más famosas

la búsqueda de la felicidad mundial,
su pasatiempo favorito

murió un día en la mente de algunos.

Curriculum Vitae

Educación

He aprendido a caminar
todavía tropiezo
He aprendido a hablar
no encuentro palabras

He aprendido a pensar
un vacío ocupa mi mente
He aprendido a amar
estoy solo entre la gente

He aprendido de la vida
las mil y una cosa

Otros estudios

Aprendí a envidiar, fingir, mentir;
uno que otros asuntos de moralidad
religión, ética y humanidad

Experiencia de trabajo

He practicado el amor, la amistad,
la paternidad
(por poco tiempo) la felicidad

Soy obrero de mi propio destino

siempre he trabajado para la vida

En la compañía internacional del vivir,
veo una sucursal en cada humano

Habilidades

Adaptarme a la vida
con su muerte repentina

Intereses personales

El amor, la felicidad,
o cosas justas que me traigan paz

Referencias

Mis padres, mis hermanos,
mis amigos
mis amores, mis hijos, mi familia.

Sangre

Despertó América una vez más
con sangre en las manos

No es sangre enemiga;
es la de nuestros hermanos

Sangre con sudor y lágrimas,
pura sangre de americanos

Sangre de nuestra tierra
elaborada con las manos

Sangre como balas de un fusil
para matar simplemente humanos

Sangre para producir armas
mortales en nuestras manos

Armas para producir sangre
que nos hace inhumanos.

Coronavirus

Un virus coronado rey
deberían crucificarlo

Almas reclamando vacuna
ante el jinete del Apocalipsis

Origen desconocido
libertad en cuarentena

China sobrevivió
ojo por ojo
diente por justicia

David, origen desconocido
surcó los cielos
doblegando la economía de Goliat

Terminó arrastrado.

Importante

En la vida
solo dos preguntas tienen sentido

¿Cuáles serán?
y
¿Por qué?

Universo

Necesito el espacio
para que transcurra el tiempo

Necesito el tiempo
para crear un espacio

Necesito de ti
para que llenes el espacio
que ha dejado el tiempo.

Amor es...

Cadencia de tu cuerpo
que a mis ojos no deja dormir

Melodía que provocas
en el interior de mis oídos

Lágrima de alegría
acariciando mi rostro

Frase del intelecto
que quieres describir

Amor es...
Tu día en mi calendario.

¿A dónde?

¿A dónde voy?
si no tengo un camino
¿A dónde voy?
con mi circular existencia
¿A dónde voy?
que no lloren mi ausencia
Ahora mi duda
decide que voy
pero, ¿a dónde?

Creación

Dios creó a Adán
quien con su sana intención
embarazó a la bella Eva
y trajo a la luz
una serpiente humana

Desde ese momento
el mundo comenzó
a llamarse manzana
y... a podrirse.

Vive

Fue crucificado
con el tiempo
esparcido en todas direcciones
hoy ocupa tu espacio
su espacio, el mío

Fue mancillado en su cruz
símbolo de tragedia para algunos
quienes lo negaron
hoy temen su regreso

Fue dejado hasta fallecer
pero una de estas noches,
créanme,
en el crucifijo lo vi sonreír.

Errores

Errores
que nos llevan y nos traen

Errores correctos
sin faltas ortográficas

Errores cometidos
difíciles de reconocer

Errores sin equivocación
que nos iluminan la razón.

No tiene sentido

¿Qué sentido tiene escribir poesía
si mi alma está vacía
si ya no río de alegría?

¿Qué sentido tiene escribir poesía
si mis lágrimas caen día a día,
si tú corazón no escucha la voz mía?

Hoy escribiré poesía
tal vez sin ningún sentido
aunque con otro te hayas ido
pudiendo haber sido mía.

Cuarentena de Amor

Soledad llena de frío
habitación que separa tu amor del mío

Apenas recuerdo los lugares
de tu cuerpo

Mariposa encarcelada

Extraño tus caricias
boca a boca hablando

Parque, playa, solo memorias

Distancia sagrada que nos roba la vida
todo por un virus sin sentido

Amor, acércate como antes
renuncia a la cuarentena impuesta

Haré el amor con el espejo
aún conserva tu reflejo

Sigo buscando días perdidos
en un calendario sin memoria

Pasarán sin darnos cuenta

Alzheimer moderno, todo sucedió

el mundo cambió, nadie lo recuerda

Un amor sin rostro ocupará mi corazón
día a día, poco a poco

Al final,
el mundo comenzará a ovular.

Despierto

Tú despiertas mi imaginación
con tu sonrisa
con tu mirada

Me descubres el corazón
con tus ojos
con tus ganas

Me mantienes en erupción
con tus besos
con tus palabras

Me llenas de emoción
con tu cuerpo
con tu fragancia

Dormirme en ti
con mi sueño
con tu imagen

Es una aventura.

La noche y Yo

Un reloj y un tiempo
para vivir oculta
huyendo de la realidad

Infinitamente oscura,
me preocupa tu soledad

Traté de amanecer contigo
pero, una vez más,
me quedé dormido

Cenizas de amor

Fuego siento en mi alma
por el calor de tu mirada
recorriendo mi cuerpo

Virus que se aferra a la existencia
calentando mis ideas
tergiversando mis pensamientos

Amor consumado
llamas en mi interior
dejando cenizas en el corazón

Una y otra vez.

Merecido

Un homenaje a los caídos
es algo loable y merecido
pero un homenaje a los levantados
a nadie se le ha ocurrido

A esos que espalda al sol
levantan su cuerpo día a día
trabajando como un procesador
para alimentar la familia

A esos que levantan un niño
desde principio a fin
con educación, salud, cariño
y medicinas en un botiquín

A esos que levantan el espíritu
tomándote de las manos
colmándote de sabiduría, gratitud
y sentimientos humanos

A esos que levantan un caído;
lo cuidan creándole un incentivo
cuando todavía está herido
sin importar la causa o el motivo

A esos que levantan un ignorante
llevándolo de la mano,
lo convierten en alguien importante

un doctor, educador o simplemente
humano

A esos que han caído
levantándose de las heridas
homenajeando en todo sentido
sus propias vidas.

Mi copa y yo

Toda fría y rebosada
de un algo incoloro
que me llega hasta el alma

Con esa imagen transparente
que refleja en tu interior
el rostro de una mujer

Toda hecha forma
que mis sentimientos transforma
al poseerte tiernamente

Con un roce de mis labios
traes a mi memoria
lo dulce y lo amargo

Tú, mujer, que te asemejas
a la copa
que todos quieren tomar

La sensual
que agarro por la cintura
para mis labios mojar

Tú, de la que bebe otra boca
sin saber la sed
que a mí me provocas

Tú, que un día fuiste mujer
y, tan simple como agarrar una copa,
no te supe tener.

Tarde

Llegué tarde a tu vida
mas no fue mi intención
buscando el camino
mi corazón se extravió

Transcurrió el tiempo
yo pensando en tu amor
mientras un desconocido
una distancia entre nosotros creó

Llegué tarde a tu vida
mas no fue mi intención
te pido me perdones
si el tiempo me traicionó

Alguien robó las horas
del reloj de mi corazón
no sé si podré cambiar la historia
de este tardío amor

Si el terreno es nuevo
se puede cometer una locura
confundiendo al más hábil conquistador
en una noche oscura

Llegué tarde a tu vida
mas no fue mi intención; es que me perdí,
querida, en tu jardín buscando una flor.

Mi vida y yo

Mi vida llegó sin llamar
y tiene un solo camino: vivir
yo, al contrario,
tengo de donde elegir

Mi vida que protege mi partida
podría ser tan corta como un segundo
yo, que le sonrío a la vida
podría inmortalizar mi nombre en este
mundo

Mi vida, alegre o triste,
quiere de todo un poco
yo, desde que te fuiste:
indiferente y un poco loco

Mi vida en una carrera hacia el futuro
como si huyera del presente
yo, al pasado me aferro,
no en cuerpo, sino en la mente

Mi vida con su luz del alma
siempre quiso encaminarme
yo, impaciente, sin calma,
no la dejé iluminarme

Mi vida siempre quiso que estuviera
mis pasos vigila donde voy

yo, que nunca enarbolé su bandera,
siempre he sido lo que soy

A mi vida le ha llegado su destino
triste se me hace la despedida
tomaremos el mismo camino
y solo por esta vez, mi vida.

A Orlando Martínez

Pensaron que te ahogaban
en un vaso de agua
pero no sabían que
tú estabas sediento de justicia,
que anhelabas las gotas de la verdad
la humedad de la igualdad

Luego quisieron
arrojarte al fuego devastador
pero ignoraban que las llamas
te daban vida y calor:
el calor de todo un pueblo y su clamor

Por último,
utilizaron la frialdad traicionera
del hierro y el plomo desgarrador

Te creyeron muerto y te cubrieron
de tierra, pero olvidaron que tus ideales
nunca serán enterrados
que tus enseñanzas jamás serán olvidadas
que tu luz brilla más en la oscuridad.

Mi último amor

Amor, si así se puede llamar
lo que mis ojos sintieron al verte,
(habiendo tantas flores en un ramillete)
solo a ti quise tocarte

Amor, si así se pueden llamar
mis sentimientos puros,
que a veces en apuros
mi corazón decide callar

Amor, si así se puede llamar
mi gesto indiferente,
que disimulo entre la gente
para que no me vean llorar

Amor, si así se puede llamar
mi pasado y tu presente,
puesto que el futuro de repente
no nos quiere juntar

Amor, si así se puede llamar
al vernos frente a frente,
y solo decirnos con la mente
vivir es amar

Amor, si así se puede llamar
tu imagen en los diarios,
tu nombre en mis labios
aunque no respondas al llamar

Solo tú

Si hay una razón
para morir en la vida,
prefiero no saberla

Si hay una razón
para vivir en la muerte,
espero comprenderla

Si hay una razón
para odiar,
prefiero no preguntar

Si hay una razón
para amar,
ella me ha de contestar

Amar, odiar, vivir y morir
todo por una razón:

Tú.

Ellos

Llenan de silencio mi ruido
interrumpen mi rapidez con su paciencia
y no se sabe a ciencia cierta
si la razón se han creído

Quieren alimentar mi hambre,
mi sueño despertar
y en este gran enjambre
¿a dónde iré a parar?

Sus ojos quieren ver
lo que ven los míos;
sus oídos escuchar
lo que mi boca no ha dicho

Dictar a mi corazón quisieran
desde sus cerebros inhumanos
y así poder llevarme
como niño de las manos.

El arte del dominio

Algunos son doctores,
ingenieros y científicos
—que se imaginen que tienen educación

Algunos reciben dinero
gratis y otros lo multiplican
—que se imaginen que tienen solvencia
económica

Algunos ocupan cargos en la política
—que se imaginen que tienen la libertad
de elegir y ser elegidos

Algunos son llamados señores, señoras,
reyes y majestades
—que se imaginen que son miembros
de la clase superior

Algunos se mezclan con nuestra raza
—que se imaginen que somos iguales

Algunos conocen otros países
y otras culturas
—que se imaginen que tienen libertad
de tránsito

Algunos practican sus cultos
—que se imaginen que tienen
libertad de religión

Algunos cuentan sus leyendas
—que se imaginen que tienen historia

Algunos hablan su dialecto
—que se imaginen que tienen un idioma

Algunos expresan sus ideas
—que se imaginen que son libres

Dejemos que algunos se imaginen
que imaginen
que pueden imaginar

Y tú, ¿qué te imaginas?

A mi San Cristóbal

Pueblo pequeño de grandes esperanzas
tú has sido mi inspiración en la vida
aunque carente de bonanzas
tu imagen está muy comprometida

Bajo tus sombras y tus ríos
se constituyeron los hombres,
que llenos de sangre en sus atavíos
dieron por la República sus nombres

En tus propias entrañas
acogiste como una bendición,
en una de esas mañanas,
la gloriosa Constitución

Como en todo rebaño,
tu oveja negra tuviste;
dicen que causó tremendo daño
—lo que era la era, ya no existe

Todos temen en ti sembrar
desde aquel funesto día;
será que temen cosechar
una segunda tiranía

Desfilan los gobernantes;
aunque estás en estado,
te mantienes como antes,
en un presente pasado.

Mi vida y sus caminos

En los caminos de mi vida,
amores y amigos he tenido
sin traicionar al primero
y serle infiel al segundo,
siempre he mantenido mi rumbo

Un poco más al norte,
casi al sur de mi destino,
donde llegar no es mi meta
sino pasar y continuar

continuar como un nómada
en busca de la tierra prometida
—amor en ella para
todos en esta isla desierta

En los caminos de mi vida
solo quedan las huellas de mis zapatos
la tierra siempre es blanda
y el agua un poco escasa,
llueve por encargo y, sin embargo,
en mi vida no he tenido
más que un solo cargo

Cargar mi cuerpo a lo largo del trayecto
para mi mente nunca hubo distancia
en los caminos de mi vida
(donde respuestas traen preguntas)
nunca pregunté ni contesté al desconocido

En los caminos de mi vida,
mis manos cabizbajas,
siempre señalando por dónde empezar:
derecha, izquierda
—todo es igual si el camino es circular

Los caminos de mi vida no
conducen a ningún lugar
siempre se vive al caminar
cada paso es la vivencia personal

Mis hijos seguirán sus caminos
y al final del tiempo algún día exclamarán:

¡Como quisiéramos pisar
las huellas de papá!

Sueño de una loca

Ella, fingiendo estar cuerda,
no emitía ni siquiera para sí,
como guitarra de una sola cuerda,
un do re mi fa sol la si

Pensaba que el aire contaminaba
como en misa los sermones;
solo por eso no respiraba:
recirculaba el aire de sus pulmones

En esa mirada interna
que todos quisiéramos dar,
ella descubrió sin linterna
un corazón dispuesto a amar

'Cada loco con su tema',
como dice la canción;
no hay que demostrar un teorema
para comprender su situación

Cada tema con su loco
es asunto de elección
aunque nos parezca poco
ser loco, es una bendición

Al despertar con furor
en su cama ardiente
preguntó al doctor
¿eres tú mi paciente?

Sensual

Un puñado de humo
se desliza entre mis dedos
formando más que el contorno
de una silueta
de la misma forma
que tu cuerpo se desliza
entre mis manos
navegando mi sangre
como una veleta

Sin fin

Demasiado lloré;
me faltaron lágrimas

En abundancia reí;
me sobraron dientes

Agoté el pensar;
abundaron las ideas

Amé profundamente;
llegó el odio

Otras veces terminé...
para empezar de nuevo.

A ti, cantor

¿De qué sirve cantar
si no escuchan tu ruido,
si no despiertas a un oprimido?

¿De qué sirve cantar
si tu mensaje no es traducido,
si no te prestan su oído?

¿De qué sirve cantar
si contigo no se ha aprendido,
si el pájaro no tiene un nido?

¿De qué sirve cantar
si no nos mantiene unidos,
si no tienes un motivo?

¿De qué sirve cantar
si el amor, la paz,
la justicia o la libertad
no están en el contenido?

¿De qué sirve cantar
si no estás definido?

Cantar por cantar
no tiene sentido.

Diferente

Nunca más seré igual
—qué pena me da el mundo,
ya no me podrá disfrutar

Ya no diré esas cosas
que todos quieren escuchar
—cerraré mi mente a las moscas

Ya no dejaré las huellas
que algunos quieren seguir
ni entregaré flores a ellas

Ya no moriré mi vida
como lo había pensado
ni viviré una muerte divertida

Ya no viviré el presente
como lo hice en el pasado
—entregaré mi futuro a la gente

Ya no permitiré a mi tiempo
que dure un poco más
—esparciré mis cenizas al viento

Ya no ocuparé el mismo espacio;
seré un punto y nada más
en este universo vacío.

Humedad

Mis gotas húmedas y cálidas recorren
tu rostro en un intento vano de llegar
a tus pies

se deslizan por este camino o por otro
no sin antes haber desechado unos diez

Protuberancias que son partes del relieve
no le impiden a mis gotas
avanzar—sin importarle la nieve
o que las tuberías estén rotas

El trayecto es largo y sofocador,
mis gotas se sienten desmayar;
no pudiendo soportar el calor,
deciden junto al oasis descansar

Cae la noche y hay que continuar
seguirán derecho a la osa mayor,
como los piratas al navegar,
siempre buscando un tesoro mejor

Montañas y lagunas aquí se divisan
mis gotas, que han de partir,
su hazaña más grande realizan
como si fuesen todo un faquir

Llegó el momento de la despedida
la meta está al horizonte

a la izquierda una y a la derecha la otra
se confunden en el monte

Ella una humedad sintió
a él la lluvia lo despertó
¿sería la lluvia? ella pensó
¿habré llorado? él exclamó.

Flor eterna

Hoy, buscando en mis memorias,
he encontrado de súbito una flor;
flor que cuenta las historias
que me unieron a este gran amor

Alejada en el espacio y el tiempo
todavía suscita en mí y no es broma
el mismo sentimiento
que da la seguridad de su aroma

Un poco marchitada
y con unos pétalos menos,
despierta en mí la pregunta
que siempre provocaron sus senos
¿Por qué morderlos? Si a ella no le gusta

Flor mística
tú debes ser un humano
pues tan importante como una misiva
siempre me llevas de la mano

Al final, te guardo en mi corazón
aunque estés más vieja y con menos color
pues me inculcaste la razón
¡Madre! Tú eres mi flor.

A Ramón Luna Cornelio

Realista y sincero fuiste
a muchos tu valentía sorprendió
mas en Guazapa tu sangre vertiste
óptima herida al pueblo le quedó
—nosotros admiramos lo que hiciste

Luchaste contra el imperialismo,
un enemigo fuerte y lleno de opresión;
nunca prestaste tu altruismo
a nadie más que a la revolución

Como compañero fuiste ejemplar,
orgullosos tus hijos han de estar

Ramón para algunos, para otros, comunista
Nosotros te llamábamos Lunita
en la vida a todos quisiste ayudar
libre a El Salvador fuiste a parar

incansable internacionalista
—tu bandera ondea y no se marchita.

Realidad

Quisiera darle un beso a la Bella despierta
para en su sueño poder delinquir,
borrar la imagen de príncipe incierta
y una rosa, por manzana, esgrimir.

Tu lugar

Borraré algunos de mis recuerdos
más preciados,
crearé un gran espacio para pensar en ti;
desviaré la sangre de mis venas
para dejar tu cariño recorrer en mí

Caminaré con el corazón en las manos
porque su espacio lo he destinado para ti.

A ti, Santo Domingo

A ti, naturaleza abundante,
por la que se batieron los colosos

A ti, América la primada,
que ante el invasor no te doblegaste

A ti, tierra de indios valerosos,
la indígena, la ultrajada

A ti, madre patria,
por los hijos que creaste:

Caonabo,
baluarte heróico de aquellos tiempos:
Duarte, Sánchez y Mella,
por la patria forjada
Luperón,
por la independencia restaurada
Gilbert, Máximo Gómez,
por tus obras internacionales
Caamaño,
por la revolución defendida
Orlando, por los ideales que llevaste.

Entre lazos

El amor y el tiempo
dos desconocidos se encontraron

el amor dulce y solidario
el tiempo eterno y solitario

Quisiera ser como tú, dijo el tiempo al amor
el amor contestó, *necesito tiempo*
para estar y crecer;
prefiero ser como tú

El tiempo añadió,
me acusan sin razón;
lamento que digan,
'todo se lo lleva el tiempo'

Las cosas pasan delante de mí
algunas ayer, otras hoy;
y las demás pasan
incluso cuando no estoy

En cambio, tú eres un creador;
todo lo concebido se hizo por amor.

Lo mismo

Me quejé de la vida
en su recorrido;
nadie se queja de la muerte
porque no la ha vivido

Me quejé del trabajo
monótono, aburrido,
mal pagado
y siempre abusivo

Me quejé de la libertad
—la jaula era grande,
pero no había espacio
para conocer la verdad

Me quejé de la educación;
era un delito moral
escribir, leer o pensar,
todo era religión

Me quejé de la salud;
como todo un animal
lloré y reproché
la esclavitud

Me quejé de la discriminación
no me pudieron callar
pero quedé mudo
de tanto protestar

Mi amo dice que seré libre
que seré educado
que tendré trabajo
que tendré salud
que seremos iguales

Pero, ¿cuándo?

Ahora que soy libre en democracia
con trabajo, salud y educación,
me siento más esclavo
para mi desgracia.

Tóxica

Genio por naturaleza
se llega a creer en su cabeza,
evaluando lo dulce y lo amargo
sin saborearlo

Influyente en tus decisiones
primero sus ambiciones;
no pretende enseñarte,
es su modo de controlarte

Tiene un sexto sentido
para enterarse de lo sucedido;
trae las malas noticias
antes de ser primicias

Es de chisme llevar,
en escándalos participar;
cuenta lo imaginado
como hecho consumado

No habla bien ni mal
(es su forma original)
critica a fulano,
mengano y zutano

Siempre tiene la razón
—según su intuición
no deja de estar en lo correcto
aunque carezca de intelecto.

Borrado

Borrar el ayer, hoy y siempre
tu sentimiento, el mío, y el nuestro
todo indicio de lo que fue un principio
el futuro, lo incierto
la sangre de tus venas
cada una de tus penas
el sueño de tu mente
tu imagen entre la gente

Al final, borrar lo borrado... eternamente.

Rumbo

Lápiz en mano
imagino palabras
describo sentimientos
borro emociones

Escribo en silencio
alguna idea sin razón
de esas que al germinar
hieren o parten el corazón

Dibujo cada letra
con precisión cronológica,
plasmando en papel
mi vida y su lógica.

Librada

Vendida tu alma
yo negociando con San Pedro
rogando por un precio justo
—por el que Jesús pagó

Diablos por doquier
dificultando mi labor
a las oraciones
no quieren ceder

Abogaré a un ente superior
al mismo maestro suplicaré;
con tal de tu alma recuperar,
mil Padre Nuestros rezaré

En el Tribunal Divino
no valió su argumento
y tu alma quedó libre
en este sagrado momento.

A mi amigo

Consejero de cosas estúpidas
necesidades reales
botella de vodka
planes matrimoniales

Consejero de decir y hacer
situaciones gloriosas
proceder
decisiones religiosas

Consejero espiritual
Ni mago ni adivino
su ritual,
más claro que el vino

Consejero medicinal
Covid atrapado
su final
está preparado

Consejero de decisiones
vio a Jesús
¿prevaricaciones?
afirma es un hecho

Si mueres hoy,
entre tus placeres
consejero,
cumpliste tus deberes.

Promesa

Corazón a corazón,
buscando un encuentro,
nos besamos

Amor a primera cita
— prometo cosas
ninguna en papel

Hay llamas
sigue nuestro juego

El último latido nos une más

El tiempo transcurre
y todo pasa
incluso "te adoro"

 Prometimos amor
veinte años después
comprendimos.

La gran creación

Nacida de cuentos de hadas
huyendo de impuestos y nobleza
las leyes de la religión

Indígenas en intercambio cultural
heredando un idioma
enfermedades, engaños y pobreza

Amigos y enemigos colaboradores todos
Rusia, Francia, Inglaterra, España y México
guerra, dinero, robo, engaño y traición

La tierra cambió de dueño
el agua lavó las heridas

Tomó al mundo por sorpresa
invadió con un dólar

Disparó su fusil
con balas de democracia

Impone su régimen diabético
a los más saludables

—"generosamente" distribuye guerras
para salvar al mundo

La gran nación con deudas históricas:
morales, económicas

de paz y de justicia,
al mundo no pide perdón

Se aferra a la Quinta Enmienda
y en un desafío global,
en Dios creemos.

Abril

A solo un infarto del triunfo
tanta sangre buena que se perdió
hoy me mata el colesterol en el letargo

Ellos no mueren del corazón
le temen a las balas e ideas
acompañadas de la razón

Un abril que no cerró los ojos
ante la impotencia;
más bien, abrió en muchos
una nueva conciencia

La sangre corrió en todas direcciones
con un rumbo y una meta,
convirtiéndose en lágrimas
las balas de la metralleta

Fue un "abril" y cerrar de ojos
que nos transformó
en la nueva democracia;
para algunos, en una mayor desgracia

Esperamos que lloviera en mayo
pero los caracoles aparecerían
unos años más tarde
en un febrero playero

Ahí estaba el viejo actor

digno de un Oscar, pero en Hollywood,
que le prometieron una película
triunfadora,
le cambiaron el libreto a última hora

La filmación en fracaso terminó
algunos actores se retiraron;
coraje y valentía se necesitó
otros, más bien, lo traicionaron.

Elección

Eva, si yo fuese Adán,
no necesitaría
una manzana
para pecar

Cualquier fruta
me habría llevado
a tu paraíso

Después de todo,
la serpiente
fue solo
para impresionar.

Suculencia mental

Un pedazo de carne frente a mí
boca cerrada imaginando trozos sin partir
sujetados a mi pensamiento
ojos abiertos llenando de aroma mi sentir
nariz tupida, oídos agudos masticándolo
hasta reír.

Memorias

El amor no es una mercancía
que se compra cada día;
es una ilusión que perdura con los años
haciéndonos sentir como dos extraños

Es la telaraña que nos envuelve;
igual que el rio a su cauce vuelve,
y el tiempo no es más que presente
pasado, futuro para la demás gente

Todo alrededor nos parece diminuto
incluso las horas duran un minuto
—en mi pequeño corazón de cuerdas
que siempre tú recuerdas.

Ideas, ideas, ideas

Ideas que mojan mi imaginación
como lágrimas de emoción

Ideas encerradas por falta de expresión
ideas conjugadas, elaboradas, confiscadas
ideas cautivas en una prisión

Ideas que no mueren
por las balas de un cañón.

Afganistán

Llegaron desde lejos con sus pretextos
vinieron por la opulencia del opio;
de amarillo a blanco lo pintaron
y se enriquecieron los mercaderes

Luego vinieron otros,
defensores de la causa social,
una década de opio y riquezas
difíciles de recoger

Más tarde apareció un *tal Iván*
transformó la sociedad
—menos opio a consumir,
mas armas a acumular

Llegó el momento, los invadió la libertad
se traficó opio y algo más
al final, los oprimidos pidieron justicia
y las armas dejaron de callar

Después de veinte años hasta la libertad
cansa; se cosecharon cuerpos
algunos infectados de opio

Todo volvió a la normalidad
regresó el *tal Iván* con el opio en sus manos
sembrando la tierra con balas de libertad.

Conjugado

Dediqué mi verbo a tu persona
y tantas veces te quise conjugar

En pretérito fuiste y siempre lo serás
en presente estás aunque ya no más
en futuro no sé si ese día llegará

Dediqué mi verbo en todos los tiempos:
amé, lloré, gocé
pienso, hablo, veo
esperaré, sufriré, lloraré

Y, al final,
morí amando mañana
sin poderte conjugar.

Los hispanos

Indígenas, blancos, y negros
se transformaron en más de una nación;
unidos a un idioma y una religión
que la reina España les concedió

Distintos algunos, parecidos los otros,
con semejanzas culturales al final
orgullosos los que '-ano' han de llevar:
dominicano, mexicano, ecuatoriano

Invasores históricos,
violadores de fronteras,
reclamando a gritos lo que de ellos fuera;
se distinguen sus colores en el arcoíris,
no pasan desapercibidos a la discriminación

Esparciendo sus semillas por toda la unión
cosechando un trabajo
un idioma y una deportación,
guerreros invisibles reclutados
para servir a la nación

Ron, droga, música, trabajo, profesionales,
y honestidad abundan en todos los aspectos
de la sociedad hablan su idioma en
privacidad

¿Nos necesitan o los necesitamos?

Es la decisión del amo.

Dramático

La visión de uno se convierte
en los ojos de todos

No se escucha lo dicho
no se observa lo visto
la mentira es verdad absoluta

El mundo, respirando un aire tóxico,
de un nuevo orden por nacer

Ayunamos por la paz
que cada estómago consume
sin darnos cuenta al final
que es la diferencia que nos une.

Integración

Nos secuestraron la historia,
recorrimos caminos opuestos
en círculos diversos

Nos sustituyeron la geografía
por caminos asfaltados
—los ríos llovieron lágrimas
hasta quedar secos

Crecieron dientes donde había estómago
nos tragamos la lengua y no por el silencio
intercambiamos mercancías por dolor

Nos despojaron de nuestros dioses
del agua, la tierra, el aire, el fuego, la
cosecha
por otro todopoderoso que lo siembra todo
—hasta lo que no se come

Nos cambiaron los nombres,
los idiomas, las creencias;
nos enfermaron...

y nos integraron a la civilización.

Libro único

Eres el libro de la sabiduría por excelencia
tus páginas son un mensaje de amor

Cada capítulo tuyo
es una esperanza a la dedicación
y cuidado de la vida

Siempre recorro a ti
para buscar un consejo
o una enseñanza

Transcurrido el tiempo
el deseo de leerte
crece más

Si algún día te pierdo,
en mis pensamientos
quedará una hoja marcada
donde se podrá leer

"Madre, tú eres el libro
que inspira mi vida".

Los 33

A los mineros, se los tragó la tierra,
la misma que estaban
acostumbrados a violar

respiraron, comieron, y evacuaron lodo
como si la carne fuera un pedazo de metal

Alucinaron rocas en su sueño material
y despertaron acostumbrados a cavar

Los mineros,
valioso y precioso mineral para extraer
33 vetas en total

Se convirtieron en mina
donde el mundo entero fue a excavar
el momento, las noticias y videos

Los mineros se transformaron en joyas
que todos quieren tener
en el cuello, en las orejas y en el
pensamiento

Para recordar.

Nueva York

Nueva York, crisol de América,
donde seres humanos
cohabitan en una manzana
les crecen alas y se hacen mariposas

Con un vuelo circular eterno
chupando el néctar de las chimeneas
el humo convertido en vicio
cual droga de laboratorio

Nueva York, donde la supervivencia
se convierte en rutina
y, al final de la jornada,
poderse comer una gran manzana

Veinticuatro horas despierta
reciclándolo todo por igual
las risas, los llantos, los planes
los sentimientos de cualquier mortal

Nueva York, ciudad de hierro,
paladín de oportunidades,
donde la única prisión
es tu propia imaginación

La ciudad que nunca duerme
con sus pesadillas, crímenes
libertades, racismo y pandemias
decidió tomar una siesta.

Independencia

Eres el ser o no ser de la libertad
signo histórico de dignidad.
Por ti más que mi vida daría
a cambio del derecho a la soberanía

Eres guerra que ha de librarse
sangre como río que ha de correr
con valentía y coraje habrá que pelearse
como madre a su pequeño defender

Eres implacable para tus enemigos
madre patria para tus hijos
sol y esperanza del pueblo
amanecer y atardecer de un día nuevo

Eres hogar que ha de construirse
la política como techo ha de servirte;
como base de tu crecimiento,
la economía será tu cimiento.

Otro ser

Quisiera nacer de nuevo
permitir los errores que nunca cometí
enamorarme de la vida
antes de morir

Nacer de nuevo
vivir mi futuro
inventarme un presente
ignorar el pasado

Cultivar neuronas
adoptar un cerebro
inventar pensamientos
borrar ideas

Reinventar el amor
en tu piel desnuda
y nacer de nuevo

Para ti.

Amistad

Eres como un árbol gigante
al que siempre hay que podar
para que se mantenga constante
las raíces nunca tocar

No eres solo una palabra
eres una frase sin completar
habría que agregarle un 'abra cadabra'
sinceridad y felicidad para complementar

Eres el verbo que pocos saben conjugar
te uso, te aprovecho, te necesito
conjugaciones imprecisas
en su lugar: te busco,
te ayudo y me preocupo

Es siempre decir que sí
cuando se puede decir que no
tratarte mejor
¿por qué no?

Eres la historia de un amigo
al que la vida le dio una misión;
escribirla siempre contigo
sin importar espacio, tiempo y condición.

Sueño eterno

Un eterno buscar
en un espacio tan pequeño

Un eterno esperar
como un minuto en el infierno

Un eterno amor
y no despierto de este sueño

Suficiente

La cuenta parecía agotarse
sin permitirme leer la historia
a narrar

Todo empezó con $4.75
y al final de los centavos,
cuando el tiempo se escabullía,

compré ideas,
vendí memorias y
todavía me sobraron pensamientos.

Giro

Vivimos en un mundo fingido
lleno de realidades imaginarias
donde cada cual es su propio payaso

Hay que divertir al ego
hay que diversificar el yo
inventar sexo nuevo
ya no nos conformamos con dos

Podría parecer un sueño
que se convierte en realidad
quedar huérfano de padre
o de dos mamás

El universo evoluciona
sin aparente malicia;
lo que no era ya es
bienvenidos a las maravillas de Alicia.

Justicia

A veces creo que la justicia
se esconde de la luz,
huye de la verdad
que la pueda desenmascarar

Cubre sus ojos con una venda
para que no la vean llorar:
las lágrimas de cocodrilo
que fingir no puede más

Vaya contradicción de la vida
la justicia es la causante
de la injusticia que
nos mantiene inoperante

La justicia debe ser la mujer
justa, amable y considerada
que todos queremos tener;
no la inmoral de doble vida

La justicia es ciega
porque no quiere ver el pecado
por lo salvaje o por lo malvado
para no tener que condenarlo

¿Cómo puede ser eficiente
una entidad ciega?
Que me perdone el invidente
porque la justicia tiene ojos y lo niega

La justicia con su peso amañado
parece medir por igual lo pesado,
pero la realidad es palpable
cualquier inocente puede ser culpable

Pidamos a la justicia
que sea justa
y que no finja
una ceguera injusta.

Equivocación

Tomamos el primer tren hacia un destino
sin imaginarnos por qué nos subimos
Una vez en la estación, hay que seguir
—el boleto no tiene devolución

No sabemos el destino final
imaginamos que algún día vamos a llegar,
pero la realidad
está muy lejos de la verdad

Lo que sería un viaje en una sola dirección
se convierte en uno bidireccional,
circular, y con suerte, en una espiral

Constantemente imaginamos
que cada día avanzamos
en nuestro trayecto,
solo para darnos cuenta
que lo recorrido se convirtió en futuro

Intentamos bajarnos del tren,
cambiarle el rumbo,
disminuir su velocidad,
pero la realidad es que no somos dueños
de nuestra voluntad

Desde las ventanas
vemos llover pájaros
lágrimas en los ríos correr,

seres humanos encarcelados
en un tren que motivo parece no tener

Continuamos en el tren
pensando en la próxima estación
por que cambiar de tren
ya no es una opción

El camino está lleno de trenes averiados
trenes descarriados, trenes sin conductor
y sobre todo trenes sin dirección

Procura montarte a tiempo
en el tren correcto
para que no te veas atrapado
en el tren equivocado.

Tiempos de Guerra

Vamos a revolucionar el año
agrúpense treinta a la vez
para formar doce batallones

Vengan todos armados
ataquen con todo
esto es una guerra de tiempo

Disparen sus días y horas
hasta el último minuto;
recordemos aquellos segundos
que se sacrificaron para cambiarlo todo

¡Que en tiempo descansen!

Dicen que estoy loco

Dicen que estoy loco
como un extraterrestre que llegó hace poco

Porque abro mis manos para dar
no para pedir

Porque abro mi boca para contestar
no para preguntar

Porque abro mis ojos para mirar
no para envidiar

Porque camino para acercarme
no para alejarme

Porque pregunto para saber
no para presumir

Porque alimento mi mente
no mi cuerpo

Porque pienso en lo imposible
no en lo tangible

Porque quiero amar
no amo por querer

Porque regalo las flores
no clavo las espinas

Porque soy honesto conmigo mismo
no ensuciando de huellas el camino

Porque al menos no soy como los demás,
además no soy el de menos

Porque empiezo por el final del camino
por lo menos ya este tuvo un comienzo

Porque soy presente
futuro tal vez, nunca pasado

Porque soy tan diferente
como cada uno de ustedes.

Dominicano

Históricamente dominicanos
trabajadores, respetuosos y humildes
hoy por igual

Diferentes nuestros orígenes
de procedencia internacional
o hijos del país vecino;
rindiendo honor a nuestros signos patrios
hoy veneramos la cultura extranjera

Celebramos la independencia,
el día de Duarte
y la raza de un desconocido

¿Cuándo cambió la historia?
El día de Brujas damos Gracias
al Orgullo Homosexual

A la pregunta, ¿eres dominicano?
Pienso ¿será el gentilicio correcto a
utilizar?

Naturalmente me acuesto a dormir
pero me preocupa si despertaré
con otra nacionalidad

¿Usarán el mismo truco que en Tejas?
que, sin cambiarle al techo las tejas,
la frontera los cruzó.

Las Naciones

Grupo creado por interés
unido por las guerras,
distanciado por la paz
todo trata de arreglar
transformando la lluvia en lodo

Crea injusticias donde no hay
inventa necesidades por placer,
se declara ser justo
repartiendo las riquezas ajenas

Busca la estabilidad mundial
dividiendo países, imponiendo sanciones
sembrando mentira por verdad

Unido en un porvenir
desafiando al virus
que representa la paz

Naciones pequeñas, naciones grandes
naciones inmensas que se salen de sus
fronteras
acumulando seres humanos

El grupo se desintegra
el mundo y sus desengaños
nos llevarán a las naciones unidas.

Sonido

Entre sonidos y murmullos
llegó tu silencio
—vino a escuchar

Silencio en cada palabra
para poder pensar

Hablar con el pensamiento
describir a cada momento
lo que expresa mi sentimiento

Sentir tu voz en el cuerpo
aunque las palabras
las haya borrado el tiempo.

Severla

En desafío a la lógica
asesinaron a un rifle
incautaron sus balas
quedaron huérfanas

Crimen premeditado
en pleno siglo de justicia
un vil asalto inocente
a la libertad del culpable

Veintiuna balas quedaron intactas
con familiares en otros rifles
algunos vivirán de las penas
del dolor que causa la pólvora

Los demás rifles sufrirán la misma tragedia
por la falta de ignorancia
disparar por disparar no tiene sentido
a menos que el ruido se quede contigo

Seguirán matando rifles
hasta que nos duela el sonido
los matarán los niños
en venganza de la Segunda

Llegará la justicia
a nuestra trinchera
a defender el honor
de un calibre cualquiera.

Olor a ti

En un colorido cuaderno
con sus hojas rayadas
(como simulando calles)
yace la gran ciudad

Con tinta sus edificios pintados
la gente cruza y vuelve a cruzar
los parques, los puentes, las calles
con su aroma peculiar

Tú, de América la primada,
escrito sobre líneas tu pasado reposa
impregnada de colores, llena de sabores,
llevando al mundo tu personalidad

Tu gente desafiando el futuro
sembrando en los márgenes
escribiendo con hambre
plátano, yuca e igualdad

Café, aroma diario de mi ciudad,
erradicando las drogas
plantando un árbol
cada día al despertar

Multiplicando la vida en cada página
ganándose el peso con esperanza
pensando que al final del día
en dólar se convertirá

Rayas, rayas por doquier,
todas convertidas en gente
una página tras otra
cubierta por el mismo mantel

Una ciudad plasmada de colores
donde negro y blanco
se han de juntar
en aromas como arco iris final

En un colorido cuaderno
yace la gran ciudad
con rayas de miseria
con páginas de bondad
viviendo en opulencia
su gran desigualdad

Al revisar cada página
veo tus rayas placenteras
siento tus aromas de ciudad
—Santo Domingo
cada día te añoro más.

La historia de mi vida de la A a la Z

Aquí estoy sin saber porqué
Balanceándome entre ser o no sé que
Caminando por puro interés
Durante, antes y después

Entre pasado, presente y futuro
Fallando a veces, pero siguiendo mi rumbo
Guiado por mi conciencia o mi Dios
Hallaré la solución o diré solo adiós

Iniciando una nueva etapa
Juntando palabras e ideas en una capa
Kilómetros, muchos por recorrer
Limitado solo por la naturaleza de mi ser

Mañana se convierte en un nuevo comienzo
No me desanima, pero si lo pienso
Ñapa de colores añadida con el tiempo
Ojalá los años pasados
Pudiesen mantenerse estancados

Quién iba a imaginarse en mi trayecto
todo lo que me he propuesto
Reir, llorar y hasta amar
no siempre fue así, pero jugué a ganar

Silencio, como aprendí de ti
hablé, grité, pero siempre volví en sí
Todo esto es parte de mi viaje

mucho falta si la vida no da un viraje

Uno a uno se acomodaron los años
se puede ver en mi imagen y los daños
Viví a mi manera
algo que es difícil de hacer en esta era

Whisky, ron y cerveza en mi sangre
dándome la ilusión de ser más grande
Xilófono irradiando melodía
alegrándome día a día

Yo, quien ayer fuese otro,
trato de mantener mi integridad y mi rostro
Zafarme de la vida
y llegar a la muerte
será mi salida.

Gustavo Franco nació en Santo Domingo, República Dominicana. En 1985, se graduó en Ingeniería de Telecomunicaciones en el Instituto de Telecomunicaciones de Leningrado, URSS. Reside en Estados Unidos desde 1989. En 1995, obtuvo una Maestría en Educación Bilingüe en The City College of New York. Durante 26 años trabajó como maestro para el sistema educativo público de la ciudad de New York. En la actualidad es educador en The Children's Village, una organización sin fines de lucro.

ÍNDICE:

Otros libros de Poesía de Books&Smith:

Metáfora de lo indecible / Metaphor of things unsaid

Elsa Batista

Viento del este / Wind from the East

Luisa Navarro

Tratado de ausencias / A treatise on absence

Rafael Tejada

Versenal

Edgar Smith

Diáfana Poesía

Domingo Burgos

Con pecado concebido

Juan Matos

www.booksandsmith.com

Made in the USA
Middletown, DE
31 August 2024